Élections législatives du 20 Février 1876

DISCOURS

PRONONCÉ A BORDEAUX LE 13 FÉVRIER 1876

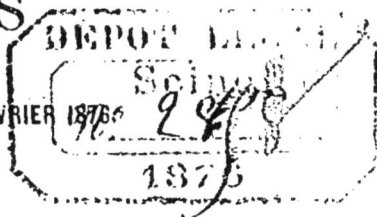

PAR

M. LÉON GAMBETTA

Prix : 15 centimes

PARIS

ERNEST LEROUX, EDITEUR

28, RUE BONAPARTE, 28

1876

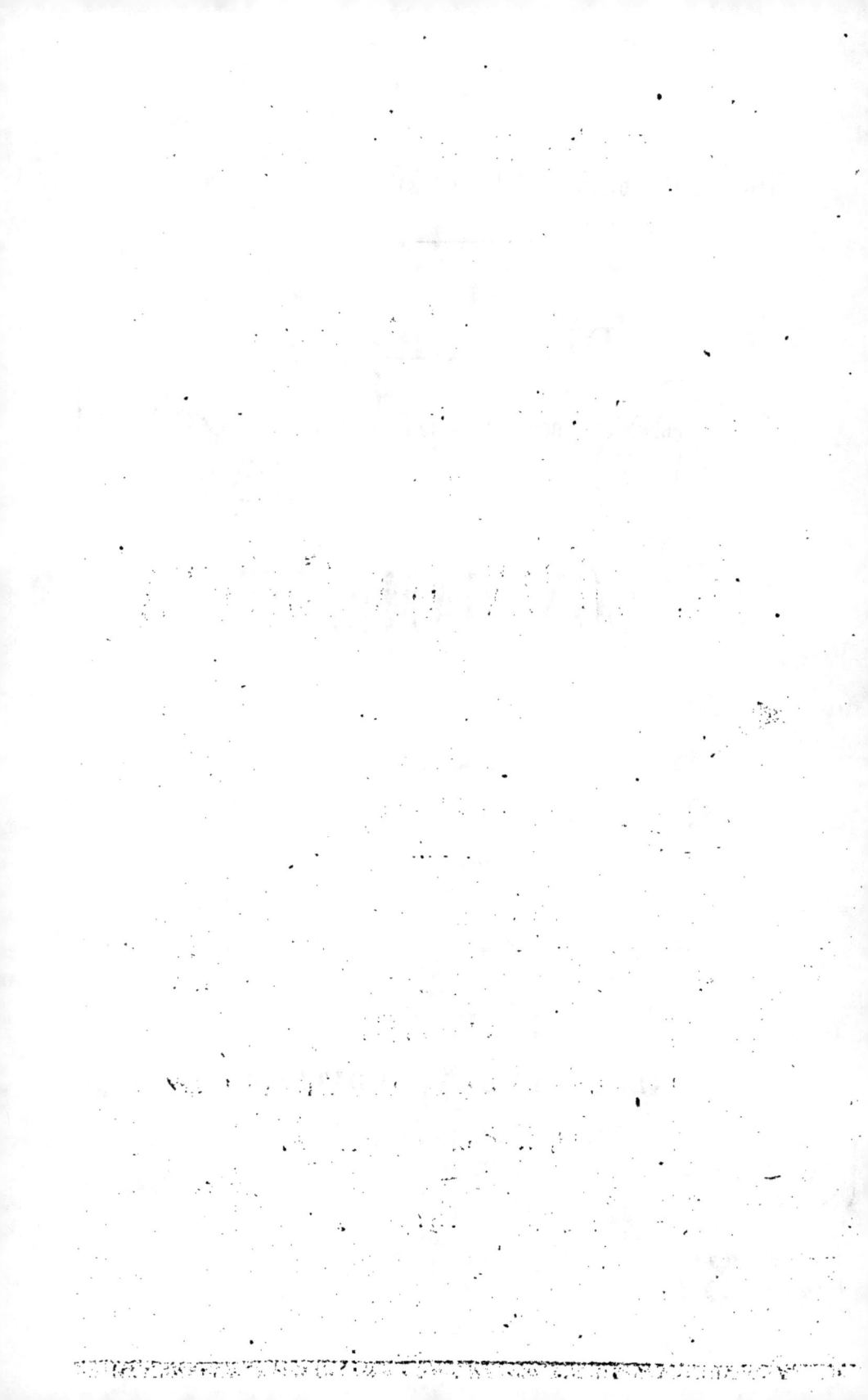

DISCOURS PRONONCÉ A BORDEAUX

PAR

M. L. GAMBETTA

Mes chers concitoyens,

Je ne puis pas me trouver devant vous, à l'heure où nous sommes, alors que la fortune semble revenir sous le drapeau du droit et de la République, sans sentir mon esprit invinciblement reporté vers les heures tragiques où nous avons fait connaissance, et je crois qu'il est bon de revenir ensemble sur ce passé, à la fois si près de nous, si douloureux, et que cependant, grâce à son génie, à sa vitalité, à sa sagesse, la nation tout entière s'apprête à réparer, jusqu'au point de confondre et d'émerveiller le monde par la promptitude avec laquelle elle se relève de ses désastres, suites fatales de l'empire.

Oui, bien que l'heure soit, à beaucoup de points de vue, joyeuse pour des cœurs français, bien que l'avenir se présente sous des couleurs plus riantes, je crois qu'il est bon de se dégager momentanément de ces sujets de consolation et d'espérances patriotiques pour revenir, dans une ville comme Bordeaux, qui fut le siége de ce gouvernement du désespoir et de l'honneur extrême de la patrie, pour revenir sur les enseignements que contient pour la nation française l'histoire des six ou sept dernières années. En même temps que nous pourrons y trouver une force nouvelle pour persévérer avec énergie, avec fermeté, dans la voie que nous nous sommes ouverte, nous y puiserons aussi peut-être des enseignements de nature à arracher à ceux qui s'obstinent dans les illusions du passé et dans les stériles regrets de dynasties à jamais condamnées par les malheurs qu'elles ont attirés sur le pays, des enseignements, dis-je, capables de les arracher à leur indifférence ou à leur criminelle complicité avec des régimes renversés. (Applaudissements.)

C'est pour cela, messieurs, que je n'ai pas voulu quitter Bordeaux sans vous entretenir. L'accident si extraordinaire arrivé hier a empêché notre réunion; je ne sais s'il faut le regretter ou s'il ne vaut pas mieux s'en applaudir ; car, lorsque la sympathie atteint de pareilles limites, on est toujours embarrassé pour s'en plaindre. C'est pour cela, dis-je, que j'ai tenu à vous réunir. Ce n'est pas en aussi grand nombre que je l'aurais désiré. J'aurais voulu pouvoir m'adresser à cette patriotique cité tout entière, comme j'ai eu occasion de le faire il y a cinq ans ; j'aurais voulu pouvoir, même pour le plus humble des auditeurs, exposer la politique que j'ai suivie depuis ces cinq ans, la politique dont j'avais regardé, au lendemain même de nos désastres, au lendemain de nos insuccès ｛dans la défense nationale, la ville de Bordeaux comme le point de départ, l'origine et la source. Je tenais à redire devant vous, avec un certain sentiment de fierté personnelle, que rien n'est venu démentir le programme que je vous avais apporté au 29 juin 1871. Je tenais à vous dire et à vous prouver que vous aviez devant vous le même homme, le même caractère, la même doctrine, la même conduite. (Applaudissements répétés.)

Messieurs, il n'y avait qu'à Bordeaux que je pouvais véritablement envisager et juger l'ensemble de cette situation. C'est à Bordeaux, en effet, je ne l'oublierai jamais, que j'ai rencontré cette sympathie et cet appui patriotique qui de là se sont répandus sur le reste du terri-

toire et nous ont permis, à nous qui
n'avions d'autre titre qu'un attachement
ardent à la France,—que dans nos préoc-
cupations nous ne séparions pas de la
République, parce que nous ne pensions
pas qu'il pût y avoir de salut pour la patrie en dehors du gouvernement nécessaire d'une démocratie libre;— je dis que
c'est à Bordeaux que nous avons rencontré cet appui, ce concours, cette
énergie qui, se répandant sur le reste du
pays, ont permis de lutter pendant six
mois à un gouvernement improvisé, à un
pays abandonné, trahi par ceux qui,
pendant dix-huit ans, l'avaient exploité,
ruiné, sucé jusqu'aux moelles, par ceux
qui l'avaient laissé désemparé et désar-
mé devant l'invasion, qui avaient jeté
comme des troupeaux sous le joug de
l'ennemi ses armées désorganisées. C'est
dans Bordeaux qu'il nous a été permis
d'inaugurer une politique de résistance,
de vaillance patriotique, qui, dédaignant
les calomnies et les accusations des coa-
litions, les défiances, la couardise, pous-
sait la nation à la guerre, non pas pour
y faire œuvre de conquérant, mais pour
y faire œuvre de défense nationale et
lutter à outrance pour la patrie entamée,
ne reconnaissant à personne le droit de
céder une motte de la terre française
sans l'avoir disputée jusqu'au bout. (Bravos prolongés.)

Ce gouvernement installé à Bordeaux a été, depuis, l'objet de toutes les accusations, de toutes les injures et de tous les outrages, qui lui ont été adressés à l'encontre de la vérité et du sentiment national, que dis-je? à l'encontre même du sentiment des populations étrangères, qui, ô honte! ont rendu à ces efforts suprêmes de la France une justice que des Français, peut-être indignes de ce nom, lui marchandaient ou lui refusaient! (Nouveaux applaudissements.) Et ce n'est pas seulement au point de vue de ce gouvernement improvisé dans un jour de détresse, où tous, dans la mesure de la puissance humaine, firent ce qu'ils pouvaient, sachant faire ce qu'ils devaient; ce n'est pas pour ce gouvernement que je voulais parler devant vous : non, non, l'histoire le jugera. Elle dira quelle fut à la fois la tâche redoutable qu'il osa assumer, les défiances inévitables aussi qu'il rencontra sur son chemin; un jour viendra, que dis-je? le jour est venu où la France lui a rendu justice.

Vous n'avez qu'à jeter les yeux sur la liste de ses élus à tous les degrés, qu'il s'agisse des conseillers électifs des communes ou des départements, ou de cette grande assemblée du Sénat; quant à la Chambre qui se prépare, vous verrez quel sort elle réserve à la réaction : partout vous verrez se dresser, et inscrits en première ligne, les noms de tous ceux qui, à un degré quelconque, sur toute la surface du territoire, s'honoraient de servir la patrie et la République, au nom de la nation en danger. (Explosion de bravos répétés.) Donc, à ce point de vue, devant le seul maître que je puisse reconnaître, devant la seule justice qui soit véritablement la justice impartiale et souveraine, le pays, la vérité est évidente, la calomnie est détruite. Ce gouvernement tant calomnié, savez-vous la vérité vraie, celle vers laquelle on marche, à laquelle on touchera demain? c'est que la France tout entière entend faire des membres qui composaient le gouvernement du 4 Septembre ses représentants, ses mandataires, ses élus et ses guides, parce qu'elle sait bien que chez eux elle rencontrera le dévouement, l'ardent patriotisme, la générosité démocratique ; elle sait qu'ils ont un respect absolu de la liberté et des droits de tous. On a voulu les flétrir de l'épithète de dictateurs. C'est un outrage réservé aux conspirateurs, aux coupe-jarrets et aux aventuriers de Décembre. Cette épithète ne saurait ni nous atteindre ni nous toucher, nous qui, partis de la foule, appartenant au peuple, sortis de ses entrailles, n'avons qu'une passion : le servir et lui rendre des comptes ! (Nouvelle explosion de bravos.)

Tranquille sur le jugement de mes contemporains, sur le jugement de l'histoire, ce n'était pas là l'enseignement unique que je voulais faire entendre ici. Il en est un autre que je considère comme aussi sérieux, aussi probant et aussi décisif pour les consciences de bonne foi : c'est que c'est ici, à Bordeaux, pour ainsi dire aux extrémités de la France, à deux pas de la mer, repoussé et acculé par l'ennemi, quarante-trois départements ravagés par ses armes, avec la capitale assiégée et fermée, avec une Europe hostile ou dédaigneuse, avec des partis hostiles ou déchaînés contre lui, que le gouvernement de la Défense nationale s'est maintenu, et avec quelles armes? Au nom des libertés publiques; car pas une seule des libertés : celle de la presse, le droit de réunion, le droit d'association, pas une seule n'a souffert ni une atteinte ni un outrage : voilà la dictature ! (Applaudissements prolongés.)

Je tiens à le dire, et vous l'attesterez, vous qui êtes venus un jour à l'Hôtel du gouvernement, indignés, exaspérés contre les infamies qui s'imprimaient et s'étalaient dans les journaux stipendiés par la réaction, quand ils n'étaient pas payés par le fuyard de Sedan !

La dynastie néfaste qui, hélas ! semble avoir conservé une dernière retraite aux abords de cette ville, atteint de là l'honneur de cette grande cité, comme le ferait, pour la santé publique, le voisinage d'un abîme corrupteur; et il est permis de dire qu'à un moment donné on a pu, dans la Gironde, lorsque la France entière s'élance vers la liberté, vers la démocratie régulière, sous la République légale et constitutionnelle, voir apparaître, sortis des commissions mixtes, des revenants du despotisme et de la tyrannie, d'anciens sénateurs de l'empire, pour siéger dans une Assemblée républicaine !

Cela a été possible, je sais pourquoi. Je ne vous en accuse pas. C'est grâce à la complicité d'une administration qui survit à sa culpabilité. (Applaudissements répétés.)

Mais il faut que la France, qui a été affligée par une telle dissonance, sache bien qu'il ne s'agit là, pour ainsi dire, que d'un accident résultant de cette belle institution d'une administration qui combat le gouvernement qu'elle a la tâche de servir, qui touche au budget des appointements pour défendre la République, et qui la livre désemparée à ses plus cruels, à ses pires, à ses plus déshonorés ennemis ! (Bravo ! bravo !)

Cela est vrai, mais n'aura pas de du-

rée. Il s'agit, pour ainsi dire, de la dernière exhalaison d'un parti qui va ren-
trer dans l'ombre. On a pu voir se pro-
duire des faits semblables sur quelques
points du territoire, de même qu'après la
tempête on voit flotter des épaves sinis-
tres sur la cime des flots ; mais cela est
destiné à être submergé. Je le dis pour
l'honneur et le bon sens de la France,
vous n'attendrez pas longtemps, parce
que, grâce à cette sagesse, à cette circonspection politique, à cette prudence
dont vos élus à tous les degrés et dans
la Chambre ont donné l'exemple persé-
vérant, le pays a compris où sont désormais ses intérêts, ses garanties, ses pro-
tections contre les aventuriers, contre
les usurpateurs, contre les prétendants
et, pour tout dire en un mot, contre les
exploiteurs de la France.

La France a compris, et, à travers toutes les difficultés, tous les obstacles sus-
cités par une administration choisie,
triée sur le volet, pour mater, corrom-
pre, dévier l'opinion publique, elle est
arrivée à la pleine lumière après l'obs-
curité qu'on avait faite devant elle. Et,
avec l'autorité qui lui appartient, elle a
dit : « Ce Sénat que vous avez institué
contre moi, je le retournerai contre vous,
en y plaçant des hommes loyaux, sincères, conservateurs.» Et ils seront en plus
grand nombre encore dans la prochaine

Assemblée, dont la réunion sera le si-
gnal de la retraite du premier ministre.
(Nombreux applaudissements.)

Oui, mes chers concitoyens, telle est
la situation : il faut que tout le monde
l'apprécie. A la veille du scrutin du 20
février, il faut dire à ce pays une parole
de vérité en même temps que de justice.
— La vérité, c'est que la majorité républicaine est désormais acquise ; que les
fraudes, les pressions, les corruptions et
les intimidations n'y changeront rien.
Le 20 février, la Chambre des députés
de la nation sera nommée avec une majorité républicaine écrasante. Vous pou-
vez en croire mes affirmations : je ne les
emprunte pas à mes illusions ni à mes
désirs ; je les trouve dans des renseigne-
ments étudiés, circonstanciés ; je les
trouve dans la pratique constante de
cette démocratie que je visite, que j'ob-
serve, que j'étudie, et au nom de laquelle,
permettez-moi de le dire, je crois parler.
(Applaudissements.)

Je dis que cette majorité est sûre,
qu'elle sera inébranlablement républicaine, qu'elle sera fermement démocratique. Eh bien ! puisqu'il en est temps
encore, je viens dire aux populations qui
hésitent, aux individus indifférents ou
obstinés : « Vos votes ne changeront
rien à l'avenir de la France ; mais il
vous importe, il importe au pays de ne

pas laisser subsister des germes de conflit et de division. Tout ce qui sera contraire à cette majorité causera un temps d'arrêt ; ce sera comme un corps étranger qu'il faudra éliminer, un obstacle qu'il faudra écarter ; je fais appel à votre patriotisme, et je vous demande de supprimer cette perte de temps pour la France, dont les heures sont comptées, et qui n'a plus de temps à perdre devant l'Europe. » (Nouveaux applaudissements.)

On ne saurait contester que la France veut la République, qu'elle a applaudi à la Constitution légale de ce gouvernement. Oui, je l'ai dit ailleurs, je le répète ici, la République est fondée. Elle est fondée sur deux assises également inébranlables. L'une, c'est la puissance irrésistible, indestructible de la démocratie française, de tout ce monde du travail et de la pensée, qui, grâce au suffrage universel, est entré en pleine activité, en pleine puissance de lui-même depuis vingt-huit ans. Et, comme le disait tout à l'heure mon cher et sympathique ami, M. Fourcand, à qui, je le dis en passant, l'Assemblée n'a fait que rendre justice en lui donnant le mandat de sénateur, après qu'on l'avait dépouillé de l'écharpe de maire (applaudissement et acclamations prolongés); comme il vous le disait, cette démocratie

n'est plus un parti, c'est la nation tout entière; du centre elle se porte vers les fron-
tières et elle peut se présenter à l'Europe
en disant : « Il n'y a que moi en France ! » Quant à ces intrigants, quant à ces
comédiens du parlementarisme, ces re-
négats du libéralisme, ces cléricaux qui
nous trompent et nous discréditent devant l'étranger, c'est un fantôme... que
vous prenez pour la France : laissez passer la France ! (Double salve d'applaudissements.)

Donc, la République repose sur deux
assises : la première, cette indestructible démocratie dont je viens de parler ;
la seconde, pour n'être que le résultat de
la négation des partis, n'en est pas moins
forte, n'en est pas moins inébranlable.
En effet, ce qui met la République au-
dessus de toutes les atteintes et de tous
les retours de la réaction, c'est l'impuissance avouée, démontrée par tant et tant
d'avortements, de tous les partis coalisés
des monarchies diverses. Oui, il y a là
une force qui tient à la nature même des
choses, et contre laquelle nulle tentative
ne saurait prévaloir. Oui, dans ce pays,
alors qu'on avait vu une Assemblée née
sous les pas de l'étranger, qui avait été le
produit de la stupeur et de l'effarement
publics, nommée sous l'impression des
calomnies organisées de toutes les coali-
tions, composée de représentants en

grande partie inconnus et ignorés ; quand on avait vu, dis-je, cette Assemblée, en majorité monarchique, plus introuvable que la Chambre de 1815 et de 1816, qui avait mis la main sur l'administration, sur la diplomatie, sur le Trésor, qui disposait de tout, procédant à l'expulsion de tous les républicains des fonctions publiques, à quelque rang de la hiérarchie administrative qu'ils fussent placés, après que la réaction, dans cette Chambre, s'était donné libre carrière pendant deux ans, qu'elle ne s'était refusé ni violences, ni injures, ni outrages, ni excès d'autorité, et que cependant il a fallu aboutir, comme le disait M. Thiers, à reconnaître le fait accompli et à saluer la République dont aujourd'hui nos adversaires d'hier balbutient le nom, espérant qu'avec un masque de fourberie, ils pourront, comme au 8 février, surprendre le suffrage universel, — après tout cela, l'impuissance des partis monarchiques est démontrée, et nous pouvons croire à l'avenir et à la stabilité des institutions républicaines ! (Explosion d'applaudissements.)

Pourquoi en est-il ainsi ? Pourquoi, vingt-sept ou vingt-huit ans après le mouvement du 24 Février, assistons-nous à une pareille poussée de la France vers la République ? Vous êtes vous demandé pourquoi il y a une si grande différence

entre ce qui se passait en 1849 et 1850 et
ce qui se passe aujourd'hui; en 1875 et
1876? Avez-vous cherché les causes de
cette modification de la pensée nationale? Vous êtes vous mis en face des
raisons de cette conversion de tout un
peuple à la forme républicaine? Eh bien!
c'est là l'examen que je voudrais faire
devant vous. Je voudrais, selon mes
propres forces, vous rendre raison de ce
changement, en faire ressortir le caractère véritablement décidé, résolu, et pui-
ser là encore un nouveau gage de la stabilité des institutions que nous nous
sommes données le 25 février 1875.

En 1848, messieurs, grâce à l'histoire
telle qu'on l'avait fabriquée dans les jé-
suitières, grâce aux journaux uniquement
subventionnés et cautionnés par
les classes dites dirigeantes, la République n'était alors pour le pays qu'un régime d'anarchie, de désordre, d'agita-
tion perpétuelle; les républicains, que
des esprits chimériques, rêveurs, uto-
pistes, violents, tumultueux. Telle est,
disait-on, la nature de la République, le
bon sens lui est étranger! Et on s'en allait répandant de ville en ville, de commune en commune, l'épouvante dans le
pays; on agitait le spectre-rouge,
on représentait les républicains comme les ennemis acharnés de l'ordre, de la liberté vraie, comme on

la nomme, de la propriété, de la famille, de la religion ; et, grâce à l'ignorance publique soigneusement maintenue par la coalition des partis réactionnaires, grâce à l'insuffisance des moyens dont disposait le parti républicain pour réagir, on arrivait à effrayer l'opinion du pays, à la terrifier et à amener la réaction, et toute réaction engendrait naturellement, après des luttes où le parlementarisme s'éteignait, la dictature d'un seul.

Mais, plus tard, un autre mode d'enseigner l'histoire a été mis en pratique. Le parti républicain, d'abord peu nombreux, s'est attaché surtout à refaire l'histoire de son passé, de ses doctrines : il a compris, en arrivant pour ainsi dire au monde, après la nuit sinistre du 2 Décembre, ses chefs étant exilés ou morts, le parti dissipé ou divisé, il a compris qu'il était nécessaire de réformer une école, une méthode, une doctrine ; de s'attacher à faire justice des sophismes, à dissiper les préjugés, à rassurer les intérêts et ramener la France dans sa vraie tradition; de démontrer jour par jour, heure par heure, qu'en dehors de la démocratie il n'y avait pas de salut. Peu à peu il a pu entrer en communication avec les dernières couches du pays, et, le jour où la dictature césarienne s'est effondrée dans la boue et le

sang, le parti républicain, quoique peu
nombreux dans les Assemblées, s'est
trouvé tout à coup très nombreux dans
le pays. Cette propagande incessante et
latente a produit tous ses fruits, elle a
manifesté tous ses résultats, et alors,
dans ces heures suprêmes de détresse et
de confusion, la France n'a poussé qu'un
cri devant les défaillances et les lâche-
tés de l'empire et devant l'invasion :
« La République seule peut nous sortir de
là! » (Applaudissements.)

Pour la troisième fois, à l'invasion
amenée par la monarchie on opposait le
gouvernement direct et l'égide de la sou-
veraineté nationale.

Messieurs, la tâche était trop lourde,
la fortune a trahi nos efforts; mais le
nom à l'aide duquel s'étaient accomplis
tous ces efforts gigantesques est resté
comme un *labarum* au-dessus de la France; les partis ont été impuissants à l'ef-
facer, et un jour est venu où un homme
qui avait engagé le passé de sa vie au
service de cette forme de transition, la
monarchie constitutionnelle , l'illustre
M. Thiers, fit sa confession, en décla-
rant qu'il n'y avait plus, aux yeux d'un
patriote, d'autre avenir pour le pays que
dans les institutions républicaines; il le
dit et paya de la perte du pouvoir la
franchise et la clairvoyance qu'il avait
montrées. (Applaudissements répétés.)

Mais avant de descendre du pouvoir, il avait prononcé un mot profond, il avait dit : « L'avenir est aux plus sages. » Messieurs, c'est ce mot qui est devenu la ligne de conduite du parti républicain tout entier. Dès le 29 juin 1871, ici même, je relevai ce mot. Je dis alors qu'il était juste et que nous le justifierions ; qu'il nous coûtait à nous moins qu'à personne de le justifier, car « les plus sages» voulait dire les plus respectueux des lois, les plus respectueux de la liberté, de la libre discussion, les plus respectueux du mérite, du désintéressement ; « les plus sages », cela avait l'air d'une gageure adressée au parti républicain : il l'a relevée, nous allons voir s'il l'a gagnée. (Nouveaux applaudissements.)

A dater de ce moment, nous nous sommes tous dit : La France a besoin d'un gouvernement; ce gouvernement, ou il sera emporté par des révolutions successives, ou il sera l'expression de la majorité du pays, de cette majorité dont les attaches, les racines, les intérêts sont d'ordre purement et essentiellement démocratique. Et alors, messieurs, nous nous sommes mis en présence de la situation politique telle qu'elle se présentait à la chute de M. Thiers, et nous n'avons eu qu'une préoccupation, non pas de tactique, comme disent nos adversaires de tout ordre, non pas momentanée

et passagère, mais un ferme propos qui
a dominé nos ac ions, qui règlera notre
conduite, et dont l'exécution est pour
nous la seule garantie d'ordre, de progrès et de relèvement qui reste à notre
malheureuse patrie. (Applaudissements.)
Et nous avons dit que, la France ayant
besoin d'un gouvernement, et ce gouvernement ne pouvant être, dans l'ordre
comme dans la liberté, que la République, il fallait faire la conquête des esprits, il fallait visiter la France ; il fallait,
à la tribune de Versailles, dans les journaux organes de l'opinion républicaine,
dans les réunions qui étaient comme la
libre conversation avec les membres
d'un même parti, dans ces voyages qu'on
a raillés parce qu'on les redoutait, il fallait prouver, non par des phrases, mais
par des actes, par une conduite qui ne
se démentît jamais. prouver que c'était
dans notre camp que se trouvaient la
modération, la sagesse, la fermeté, laquelle n'exclut aucune concession raisonnable, mais en même temps la préoccupation d'assurer à ce pays un gouvernement véritablement réparateur.

Et pendant que nous nous livrions à
cette démonstration quotidienne, que
faisaient nos adversaires? Ils étaient sur
les grands chemins qui mènent hors de
France. Ils s'en allaient, qui à Frohs-
dorff, qui à Chislehurst, qui à Anvers,

qui, je crois, Dieu me pardonne! jusqu'en Espagne, chercher des prétendants et marchander une couronne pour
notre pays. Infatués personnages, qui
ne se doutaient pas qu'en repassant la
frontière, ils se trouveraient en face
d'un douanier qui s'appelle l'opinion publique et qui ne les laisserait pas passer.
(Rires et applaudissements.)

Et alors, dans l'impuissance de ces di-
vers partis, s'entendant pour opprimer
la France, pour la dépouiller de sa sou-
veraineté, acquise au prix de quels sa-
crifices! pour la dépouiller du suffrage
universel, fondement et instrument de
son droit, impuissance avouée même pu-
bliquement à la tribune, la question s'est
posée de savoir si l'on allait consacrer la
République, lui donner l'autorité de la
loi, la faire entrer dans la Constitution, l'imposer au respect et à l'obéis-
sance de tous, de ceux qui gouvernent
comme de ceux qui obéissent.

On a voulu donner au pays un point
d'appui à l'aide duquel il pourrait faire
tête aux fractions ; on a dit à la France :
« La République, qui depuis six ans est
le seul moyen de gouvernement qui vous
ait permis de traverser des crises jusqu'ici inouïes, de vous libérer de la présence de l'étranger, de dompter des in-
surrections qui eussent emporté dix monarchies, de faire face aux engagements

de la France, d'établir l'ordre et d'empê-
cher ce qui restait de la patrie d'être
livré aux jalousies, aux convoitises de
tout le monde ; la République ne sera
plus un gouvernement précaire, une
proie désignée à l'acharnement et à la
fureur des partis : ce sera la loi. » Eh
bien ! messieurs, je vous le demande,
quel était le devoir d'un républicain, d'un
patriote, d'un Français? C'était de mettre de côté ses préférences théoriques ;
quant à moi, je n'ai jamais compris
qu'on pût mettre un instant en discussion le choix entre sa satisfaction personnelle et les destinées de la France.
(Explosion d'applaudissements.)

On a donc fait la Constitution, et,
grâce à elle, on a évité la dictature déco-
rée du nom de septennat, on a évité cette
égalité de prétendants de tous les partis,
et le suffrage universel, qui se pronon-
cera le 20 de ce mois, n'a pas à écouter
les sollicitations de Napoléon IV, de
Chambord ou d'Orléans ; il n'a qu'une
chose à faire : maintenir et consacrer
l'édifice républicain, à l'abri duquel l'ordre et les développements progressifs
des droits de tous sont assurés. Voilà
l'œuvre du 25 février 1875 ; c'est une
œuvre de patriotisme, et quand on dit
qu'elle est le fruit de la conciliation, c'est
le plus bel éloge qu'on en puisse faire.
Oui, elle est le fruit de la conciliation.

Mais est-ce que vous connaissez une politique qui soit plus désirable que la conciliation entre des Français venant à
la République, abjurant leurs an-
ciennes idées, vous apportant l'influence de leurs noms et de leur situation so-
ciale? Non pas, s'ils ne sont pas sincères;
non pas, s'ils sont hypocrites ; mais
nous avons fait ce classement, nous sa-
vons ceux qui mentent en parlant, ceux
qui sont sincères en votant ; le vote est
là, c'est un critérium décisif. Eh bien !
je dois dire que de tous ceux qui, à la
suite de M. Thiers, de M. Casimir Périer, de M. Léon de Maleville, se sont
détachés de leurs vieilles idées et, sous
l'influence d'un patriotisme éclairé, sont
venus à la République, pas un seul n'a
fléchi ; il n'en est pas un qui n'ait été le
plus ferme, le plus vigilant, le plus sou-
cieux, le plus jaloux défenseur des libertés publiques. (Applaudissements.)

Le pays a vu se réaliser enfin la pensée de ce rapprochement tant recherché,
qui, s'il s'était opéré il y a soixante ans,
il y a quarante ans, ou même trente ans,
aurait achevé le cycle de la Révolution
française. Qu'est-ce qu'ont voulu, en
effet, nos prédécesseurs, les auteurs de
la Déclaration des Droits ? Qu'est-ce
qu'ont voulu Mirabeau, Saint-Just lui-
même, Robespierre, ces esprits rendus
exclusifs par la passion et par cette

étroitesse d'esprit qui fait les combattants ? Ils ont surtout voulu, dans leurs jours de sérénité, fonder une immense démocratie dans laquelle les frères aînés, c'est-à-dire ceux qui sont arrivés, seraient les initiateurs, les patrons, les guides, les protecteurs de ceux qui, placés au-dessous, n'avaient pu recevoir les bienfaits de l'éducation de la fortune, mais qui avaient leurs droits, eux aussi. C'est précisément cette alliance, cette union, ce concordat pacifique entre la bourgeoisie et le peuple, qui a été accompli dans la Constitution du 25 février; c'est ce qui en fait un gage pour l'avenir; ce qui fait qu'elle vivra en dépit d'attaques que j'admets, que je comprends et que je m'explique pour des hommes de théorie. Pour moi, je ne suis pas un homme de théorie, je suis un homme de pratique, voué à la défense des idées démocratiques; je n'ai qu'une passion, celle de réaliser tous les jours un progrès dans les lois et les institutions de mon pays. (Applaudissements.)

On a voulu faire ces deux choses : un gouvernement pour la France, une conciliation dans la démocratie. On a voulu aussi faire une autre chose qui n'est pas moins nécessaire, qui n'est pas moins grande : donner à la France, en face de l'étranger, un abri protecteur; lui assurer, pour la refonte de sa puissance militaire

comme pour la refonte de sa puissance matérielle et morale, un gouvernement de durée qui pût se présenter aux
travailleurs de tous ordres comme un
gouvernement assuré, hors de conteste,
pouvant dire à ceux qui travaillent dans
les champs, comme à ceux qui travaillent dans l'atelier, comme à ceux qui
puisent leur avenir dans les combinaisons de l'échange, du transit, du
commerce, de la navigation sur toutes
les mers; qui ont besoin d'échéances
d'une longue haleine pour ces concep-
tions qui, en somme, sont le plus gros
des revenus et de la vitalité financière de
la France, — on a voulu leur donner par
la durée une protection, une stabilité,
la suppression de ces paniques qui dés-
organisent tous les marchés, arrêtent
tout, amènent les chômages et causent
pour les affaires des perturbations plus
considérables que les révolutions les
plus sanglantes.

Il y avait une nécessité de patriotisme
à s'entendre sur ces deux caractères du
gouvernement nécessaire d'une démocratie. On nous dit : « Mais vous avez violé
les principes, vous avez fait trop de con-
cessions, vous êtes allés trop loin. » Eh
bien ! messieurs, voulez-vous ma pensée?
J'appelle faire une concession quand on
livre quelque chose ; mais on ne m'a pas
dit encore ce que nous avions livré. Sa-

vez-vous ce que vous avez livré ? Je vais
vous le dire : vous étiez menacés, vous
n'aviez aucune espèce de refuge, de protection dans l'Etat, le pouvoir était à vos
ennemis; le suffrage universel était fermé;
l'omnipotence souveraine de l'Assemblée
de Versailles était reconnue ; l'incerti-
tude était dans tous les esprits; vous
pouviez tout redouter; d'un jour à l'autre la France pouvait être en proie
aux aventuriers qui s'agitaient, car j'en
connais qui ne reculaient même pas devant les espérances les plus criminelles.
Je le répète, qu'avez-vous livré? D'a-
bord, qu'aviez-vous, pour livrer quelque
chose? Je l'ai déjà dit : en définitive, vous
avez livré l'ombre pour avoir la proie.
(Applaudissements.)

On vous a conservé le suffrage universel, et il est devenu le maître souve-
rain dans ce pays : il nomme les députés, il dicte ses volontés; c'est à lui
aujourd'hui à préciser son programme : il a l'autorité, la responsabilité ;
je ne lui demande qu'une chose, c'est
d'acquérir la compétence, c'est de
ne pas se laisser aller aux frayeurs
simulées des uns, aux attaques
systématiques des autres; aux défaillances, aux craintes et aux exagéra-
tions de quelques autres ; c'est, quand
nous lui présentons des hommes appartenant à l'élite de la société française,

depuis M. Thiers, M. Casimir Périer, jusqu'à M. de Lavergne, qui se sont ralliés au suffrage universel et à la République en haine du pouvoir exécré de Décembre, c'est de ne pas repousser de sincères bourgeois venus à la République ; c'est de savoir faire son choix. (Applaudissements prolongés.)

Quand on veut être une démocratie digne du gouvernement, — et une démocratie n'a pas de gouvernement en dehors et au-dessus d'elle : le gouvernement, c'est elle-même,—quand on veut être un gouvernement fort, respecté et durable, il faut éviter deux écueils également funestes : l'engouement d'une part, d'autre part la passion jalouse ; il faut qu'on ne soit ni prompt à encenser un homme ni prompt à le soupçonner : entre le soupçon et l'enthousiasme il y a une règle de conduite désirable pour la démocratie, et que je nomme d'un mot, qui est le mot même de la politique : la prudence. (Applaudissements.) C'est cette prudence qui a conquis le pays ; le pays est venu à nous parce qu'il nous a vus de bons citoyens, sachant sacrifier nos visées personnelles au bien-être général, aux intérêts supérieurs de la patrie, sachant maintenir la concorde et l'alliance entre des partis distincts au sein de la République ; — et j'estime qu'il est nécessaire qu'il y ait des partis

distincts, qu'il y ait des gens timides
peu enclins aux innovations, puis des
gens plus rapprochés encore de l'esprit
de progrès et de réforme, enfin un parti
d'hommes réformateurs et progressifs,
auquel je me fais honneur d'apparte-
nir ; ce que je veux, c'est que les trois
groupes marchent ensemble, non pas
sur tous les points, mais qu'ils soient
inspirés dans leur conduite par une formule et une règle générale qu'on a ex-
cellemment précisée ainsi : ne jamais séparer la défense de la liberté de celle
de la démocratie. (Applaudissements
prolongés.)
  Lorsque le parti républicain a eu fait,
par une série d'actes, de lois, de discours,
de déclarations publiques, ses preuves
aux yeux de la France, que s'est-il passé?
La France tout entière, c'est-à-dire cet
immense corps de 11 millions d'électeurs, s'est aperçue qu'elle n'était pas en
face d'une politique de parti, mais en
face d'une politique nationale; qu'on
faisait de la politique non pour une grande ville, non pour un groupe, mais pour
l'immensité du suffrage universel,
afin d'obtenir pour résultat des amélio-
rations générales, des progrès réa-
lisables, applicables à cette masse
de 10 ou 11 millions d'électeurs : or,
dans un gouvernement républicain comme celui que nous avons fondé et que

nous voulons développer, le grand échec,
le grand péril est de faire de la politique
restreinte, en vue de tel ou tel groupe ; il
faut connaître tous les groupes, s'inspi-
rer de leurs idées, les consulter, réunir
leurs impressions, rapprocher leurs tendances, et faire ressortir de ce faisceau
ce qui doit être la loi et la règle de conduite. C'est ainsi, je le crois, que la France comprend la politique ; c'est ainsi
qu'elle l'a manifesté déjà par des votes
sérieux, aussi bien dans les Conseils gé-
néraux qu'aux dernières élections séna-
toriales ; c'est celle qu'elle consacrera, à
laquelle elle donnera son adhésion bien
plus explicite encore le 20 février. Et
alors voyez quel avenir s'ouvre devant
vous, si, ayant à la fois — ce qui
est le but à se proposer — rassuré les
intérêts légitimes d'un côté, inspiré con-
fiance aux aspirations et aux tendances
également légitimes d'un autre côté,
vous vous présentez comme un gouvernement résolûment démocratique et
aussi, il faut dire le mot, essentiellement
et uniquement conservateur !

Quant à moi, je ne reconnais pas de
conservateurs en dehors de l'état social
créé par la Révolution française : je ne
reconnais que des perturbateurs. Oui,
tous ceux qui, de près ou de loin, le sachant ou ne le sachant pas, n'acceptent
pas la constitution égalitaire de ce pays,

aussi bien dans la famille, dans la commune et dans le département que dans l'Etat, ne sont pas des conservateurs : ça sont des gens de désordre, de péril ou d'aventures !

Il faut leur arracher leur titre, qui n'est que leurre, mensonge, supercherie : la République seule fait les conservateurs... (Applaudissements prolongés.) Et qui est en dehors de la République, qui en conjure la ruine, en poursuit la destruction ou l'affaiblissement, que ce soit par des chemins couverts, comme on en connaît que je n'ai pas besoin de désigner, ou au grand jour, comme le cynique parti de Chislehurst, ou qu'on se contente de sous-entendus capables de faire impression sur certains esprits, tous ceux-là ne sont pas des conservateurs, (Applaudissements.)

Voyez le langage de nos adversaires ; voyez à quoi ils sont réduits : ils attendent le jugement de la France et en sont réduits à inventer contre le parti républicain je ne sais quelles accusations de désordre et de terreur ; lisez leurs journaux: ils sont pleins de diatribes et d'injures contre nos idées, nos doctrines, nos personnes. Catilina est aux portes, disent-ils. Et savez vous pourquoi ? Il faut vraiment être en France pour assister à un pareil dévergondage d'esprit : parce que à Paris, à Lyon, à Marseille ou à Bor-

deaux, on a adopté un programme radi-
cal, ils dénoncent l'avénement du *radicalisme légal!* Ils en sont là que, ne pouvant
plus évoquer le spectre rouge, nous accu-
ser de sédition, dire que nous [rêvons le
coup de main dans la rue et l'émeute.., ils
disent que nous rêvons, quoi? de prendre
le pouvoir par la légalité! Voilà où ils en
sont arrivés. Le radica'isme! Une opinion
ne se réclame que du bon sens, de l'adhésion des consciences, de l'appui des gens
modérés; elle ne veut rien que par la loi
et pour la loi, et l'on s'écrie : « Prenez
garde ! la légalité, c'est la fin du monde;
nous allons être perdus par la légalité !»
(Applaudissements.) Eh bien! le radicalisme légal, soit : oui, nous sommes des
radicaux légaux, respectueux de la légalité, ne voulant que son triomphe, mais
décidés à en imposer le respect à qui-
conque serait tenté de l'affaiblir ou de la
violer. En vérité, messieurs, ma raison
est confondue quand j'entends présenter
ce programme comme un programme de
désordre et de chaos, comme un avénement d'abomination et de désolation.

Eh bien ! qu'y a-t-il donc dans ce programme ? Je vais vous le dire : il y a des
réformes qui sont en partie réalisées,
depuis un quart de siècle, dans la moitié
des Etats monarchiques de l'Europe : la
séparation de l'Eglise et de l'Etat, l'im-
pôt sur le revenu, la séparation de l'E-

glise et de l'Ecole, la liberté absolue de la presse, du droit de réunion et d'association. Eh bien ! pour un pays comme la France, qui a quelque souci de sa dignité, est-il raisonnable de se laisser épouvanter par la crainte de l'anarchie, lorsqu'il s'agit de libertés pratiquées dans des pays parfaitement tranquilles, sous le régime monarchique héréditaire ou sous le gouvernement d'un président? En Angleterre existent la liberté absolue de la presse et le droit absolu de réunion et d'association : on n'y possède pas encore la séparation de l'Eglise et de l'Etat, mais l'Eglise établie est sérieusement menacée ; d'un autre côté, l'instruction obligatoire fait de jour en jour des progrès, et depuis quelque temps on marche vers l'enseignement laïque; car les Anglais ne laissent pas traîner les solutions quand ils les trouvent bonnes. La Suisse, pays fort tranquille, applique ce programme tout entier. La Hollande a l'école laïque. Les Etats-Unis jouissent aussi de ces libertés et de beaucoup d'autres. Enfin, je ne parle pas — c'est une honte pour nous — de l'Allemagne, qui nous devance, et de l'Italie, où ce programme n'est pas seulement appliqué, mais est largement dépassé. Ainsi, voilà les dangers que le radicalisme légal fait courir au pays; voilà les inventions que l'on dénonce comme des

créations de l'esprit de désordre, comme
des saturnales, à la France, qui n'en
croit rien, et à l'Europe, qui en rit. (Applaudissements.)

Ce programme, il faut le dire et le répéter, est très mesuré, très sage. Je ne
dis pas, je me garde de dire que vos représentants l'accompliront pendant leurs
quatre années de législature ; je ne le
crois pas, et, si vous voulez toute ma
pensée, je ne le veux pas! Si on pouvait
seulement s'attacher à une partie du
programme et la réaliser, non pas dans
un vœu platonique, non pas dans une
formule légale, mais dans l'exécution
patiente et attentive, et dans le détail de
l'administration générale du pays, je
m'estimerais suffisamment heureux, et
je dirais que les quatre années de législature qui vont s'ouvrir auraient été sagement employées pour le bien du pays.
(Applaudissements.)

Je prends un seul article de ce programme, celui relatif à l'éducation nationale. C'est là qu'il faut toujours en
revenir. On a beau s'épuiser à étudier les
questions politiques et sociales, à les
tourner et les retourner en tous sens,
à chercher la meilleure solution, on se
heurte toujours à cet obstacle de l'ignorance générale, à cette nécessité des lumières et de l'éducation dans le pays ; et
alors on en revient, au risque d'être traité

de sempiternel répétiteur, à répéter le même vœu, à demander une éducation nationale.

C'était le cri que nous poussions au lendemain de nos désastres : nous reconnaissions très bien que, ce n'était pas seulement la force matérielle qui nous avait vaincus, mais que dans les combinaisons, dans les perfectionnements apportés à l'art de la guerre et aux mille détails qu'elle comporte, la supériorité de l'instruction avait donné l'avantage à nos ennemis, parce que, sur les champs de bataille, comme dans le champ de l'industrie, c'est la force d'esprit qui décide de la victoire. Nous avons réclamé alors ce que je réclame aujourd'hui ; c'était le cri unanime, sortant de toutes les poitrines : la réforme de l'éducation nationale ; mais nous n'avons rien obtenu ; nous n'avons rien pu arracher, je me trompe, on a obtenu contre nous une loi de division, une loi de recul, une loi de haine, une loi désorganisatrice, une loi d'anarchie morale pour la société française ; je veux parler de la loi sur l'enseignement supérieur. (Applaudissements.)

Eh bien ! messieurs, sans entrer dans les développements que comporterait un si immense sujet, je dis que la tâche urgente, pratique et efficace de vos futurs mandataires doit être presque unique-

ment celle de l'organisation à tous les
degrés, au point de vue des écoles, au
point de vue des programmes, au point
de vue des moyens d'étude, au point de
vue financier, doit être d'assurer la constitution de l'éducation nationale ; et si
nous voulons véritablement aborder
une telle réforme, il n'y en aurait
pas d'autre qui dût venir se jeter
au travers, parce que les autres peuvent attendre ou peuvent être réso-
lues plus promptement, et qu'elles ne seront même efficaces que quand celle-là
aura réellement fonctionné. Donc, dans
la discussion de vos idées, quand vous
les soumettrez, s'il y a lieu, à vos candidats, attachez-vous à être précis, à ne
jamais aborder une question avant une
autre, à établir une véritable série ma-
thématique, logique, scientifique, dans
les revendications que vous voulez faire
prévaloir : demandez d'abord à vos députés d'assurer l'éducation ; le reste,
soyez-en convaincus, vous sera donné
par surcroît. Ce jour-là, vous aurez à
la fois — car ces deux choses doi-
vent marcher ensemble, — créé l'éducation de ceux qui poussent par der-
rière, de la jeunesse qui monte, et vous
aurez pu suppléer à l'indigence du passé
pour les adultes ou pour les hommes
déjà mûrs, par un système bien conçu
d'éducation élémentaire. Et alors vous

pourrez être tranquilles sur l'avenir;
car si cette démocratie craint le péril, si
elle est peu active, si elle s'abandonne
aux difficultés du chemin et subit le
joug d'un despote, c'est qu'elle est peu
éclairée, ignorante, plongée dans les ténèbres : le jour où ces ténèbres seront
dissipées, le jour où elle sera éclairée,
elle aura conscience de ses intérêts,
et alors paysans, ouvriers, banquiers.
propriétaires, tous reconnaîtront qu'il
n'y a qu'un seul pays et une seu'e famille, et qu'il faut le gouvernement du
pays par le pays, c'est-à-dire la République! (Applaudissements prolongés.)
Eh bien! messieurs, cette politique,
elle a encore bien des difficultés à traverser; elle va remporter une grande
victoire ; elle va avoir une majorité pour
la première fois incontestée et assurée.
majorité qui ne sera pas sortie d'une
émotion populaire, comment dirai-je?
d'une révolution, d'un mouvement d'enthousiasme, mais une majorité qui viendra remplacer une majorité vaincue, qui
sera sortie de la légalité la plus stricte,
la plus rigoureuse. J'ajoute qu'elle sera
le produit d'un système électoral ar-
rangé, préparé d'avance par nos adver-
saire, et ici, quel que soit le regret que
j'éprouve à la pensée que le scrutin de
liste nous a été ravi, je trouve une
consolation : c'est que c'est dans cette

arène choisie par eux, limitée par
eux, où siégent leurs fonctionnaires
et leurs candidats, où pouvaient agir
les pressions administratives les plus
compressives, dans ce scrutin d'arron-
dissement, dernier refuge de l'esprit de
réaction, que nous terrasserons nos adversaires; et nous pourrons alors nous
retourner vers eux et leur dire : « Est-il
vrai, ou non, que la France est républicaine, puisque même à travers le réseau,
le filet dans lequel vous aviez voulu
l'emprisonner, elle vous a échappé et
vous a imposé sa volonté? » (Applaudissements prolongés.)

Mais ce que je veux dire, messieurs,
c'est que cette majorité qui va être créée
doit se mettre face à face avec les res-
ponsabilités qui l'attendent. Il faudra
qu'elle persévère dans la politique de
prudence, de circonspection et de fermeté que nous avons inaugurée; car je
connais quelque chose de plus redoutable pour les partis que les périls de la
rue, que les menaces du pouvoir, que les
piéges des adversaires, dans un temps
où ils sont les maîtres; ce que je connais
de plus redoutable, c'est l'enivrement du
succès, cette espèce de vertige qui s'em-
pare des vainqueurs au lendemain de la
victoire, qui ne leur permet plus de tenir compte des obstacles et des difficultés, ni des préjugés, — qui pèsent autant

que la vérité dans le domaine de la politique ;—qui fait que les fumées du triomphe leur montent à la tête, et qu'alors
emportés par cette sorte d'ivresse, ils
veulent précipiter les solutions. Aujour-
d'hui, ce serait tout compromettre, au
détriment du salut que nous avons orga-
nisé, après tant d'efforts, par la Constitution du 25 Février. Ce qu'il faut, c'est
que le scrutin solennel du 20 février, auquel le pays et le monde sont attentifs,
ait une signification précise, éclatante,
invariable ; qu'on sache que le pays veut
une Chambre vraiment et fermement républicaine , résolûment démocratique ,
passionnément libérale, mais une Chambre avant tout politique. (Applaudissements.)

Ne vous fiez pas aux mots; ne croyez
pas que la politique est un jeu, qu'elle
est purement et simplement l'exercice
de quelques facultés oratoires et de combinaisons dans les couloirs et les bu-
reaux. Non, ce n'est pas là qu'est la politique : ainsi comprise, elle n'est bonne
que pour les comédiens parlementaires;
mais, permettez-moi de le dire, il n'est
pas au monde de science ni d'art (car
elle a ces deux caractères) qui exige plus
de travail, de connaissances, d'observa-
tion, plus d'efforts continus et persis-
tants. En effet, est-ce qu'elle ne touche
pas à tout? Est-ce qu'elle n'a pas l'obli-

gation de s'enquérir de tout? Est-ce
qu'il peut, dans une branche quelconque de l'activité humaine, se pro-
duire un progrès, une réforme qui la
laisse indifférente, qui ne l'oblige pas
à changer ses combinaisons, à mo-
difier ses vues, ses programmes, son
action, ses entreprises? La politique,
savez-vous quand nous en ferons véritablement de la bonne? C'est quand on re-
connaîtra qu'elle a besoin du concours
de toutes les sciences et, par consé-
quent, qu'elle ne peut être que le fruit et
le résultat d'un immense travail et d'une
immense application. (Applaudissements
prolongés.)

C'est la politique que mes amis ont
bien voulu déférer à vos suffrages, en
vous proposant ma candidature. Je pense,
je sais que c'est là le vote qu'ils recher-
chent, que c'est l'adhésion qu'ils sollici-
tent. Quant à moi, vous me connaissez,
je n'ai rien à vous apprendre de mon
passé, et je pense n'avoir rien à vous
promettre sur l'avenir. (Cris : Vive la
République !)

M. Fourcand, président, mit aux voix la
candidature de M. Gambetta, qui fut adoptée
à l'unanimité.

M. Gambetta reprit :

Messieurs, avant de nous séparer,
permettez-moi de vous adresser l'expres-

sion de ma profonde gratitude et en même temps les regrets que je ressens et pour lesquels je vous prie d'être mon interprète auprès de vos concitoyens et de nos amis. Je suis obligé de vous quitter dans quelques heures ; vous voudrez bien me tenir compte de ma bonne volonté et croire qu'en partant j'emporte le meilleur de vous-mêmes, c'est-à-dire votre fraternité républicaine. (Cris: Vive la République! vive Gambetta !)

Paris. — Imp. F. Debons et Cᵉ, 16, rue du Croissant.

www.ingramcontent.com/pod-product-compliance
Lightning Source LLC
Chambersburg PA
CBHW060749280326
41934CB00010B/2411